Vergesst ihn nicht !

?

Das Rätsel Ernst Werner

Von Ingo Althöfer, Lage

Vergesst ihn nicht !
Das Rätsel Ernst Werner

© 2022, Ingo Althöfer

Bibliografische Information der Deutschen Nationalbibliothek: Die Deutsche Nationalbibliothek verzeichnet diese Publikation in der Deutschen Nationalbibliografie; detaillierte bibliografische Daten sind im Internet über dnb.dnb.de abrufbar.

Herstellung und Verlag: BoD – Books on Demand, Norderstedt

ISBN: 978 - 3 - 755 - 74170 - 1

Ernst Werner als Lesender in Lemgo,
mit einer Karikatur aus Bochum von 1961,
und drei Unterschriften von 1946, 1956, 1966

Vorwort

„Manchmal habe ich bedauert, Schulleiter zu sein. So konnte ich in meiner Vorbildrolle keinen Schabernack treiben, obwohl genug Ideen da waren." Das beichtete ein im Schulwind erfolgreich ergrauter Stratege.

Ernst Werner, eigentlich Dr. Ernst Werner (1907-1986), hatte weniger Hemmungen. Mit Begeisterung haute er dazwischen, provozierte und polarisierte. Für ihn war das aber oft kein Schabernack, sondern bitterer Ernst, unter anderem in seiner ersten Schulleiter-Stelle am Engelbert-Kaempfer-Gymnasium (kurz EKG) zu Lemgo.

Blick auf das EKG, 50 Jahre nach Ernst Werner

Acht Jahre hielt er es in der Lippischen Hansestadt aus, dann hatten sich Widerstände und Unzufriedenheit im Kollegium und bei Eltern so sehr aufgebaut, dass es für Werner keinen anderen

4

Weg als eine Krankschreibung und anschließende Versetzung an ein Gymnasium im Ruhrgebiet gab.

Schon 1988 und 1990 erschienen zwei Bücher über Ernst Werner, herausgegeben von ehemaligen Lemgoer Schülern. Das erste trug als Titel Werners wiederholten Ausspruch: „Ich verbiete euch zu gehorchen!" Durch diesen Satz wurde ich überhaupt aufmerksam auf Werner. Bei Recherchen fanden sich etliche Werner- und EKG-Schüler, die am Telefon gar nicht groß ermuntert werden mussten, sondern sofort mit Erinnerungen an ihn und die 1950er Jahre am EKG loslegten.

Seit 1988/1990 sind schon wieder drei Jahrzehnte vergangen. Es gelang, in Archiven und bei Zeitzeugen in Lemgo, Bochum, Darmstadt, Gießen, Wetzlar und Leipzig Material zu sammeln. Das Ergebnis ist dieses kleine heitere Büchlein - aber nicht deshalb klein, weil es nicht mehr Stoff gab, sondern weil ich mich darauf beschränkte, nur das Beste vom Besten aufzunehmen.

Wenigzeit-Inhaber mögen zunächst einfach nur durchblättern, die Fotos und Überschriften wirken lassen und von Fall zu Fall entscheiden, welche Kapitel lesenswert erscheinen. Wer den Film 'Der Club der toten Dichter' (1989) nach dem Drehbuch von Tom Schulman kennt, wird Parallelen finden, wobei für mich Ernst Werner schon zwei Klassen härter war als der Lehrer Keating („O Captain, mein Captain") im Film.

Die letzten Korrekturfahnen schaue ich gerade auf einem Bänkchen auf dem EKG-Schulhof durch - und hoffe auf freundliche Aufnahme durch die Öffentlichkeit. Vielleicht wird es mittelfristig auch ein Theaterstück zu Ernst Werner geben.

Lemgo, den 29. Mai 2022   Ingo Althöfer

Vergesst ihn nicht!
Das Rätsel Ernst Werner

Inhalt

Ernst Werner mit Karikatur und Signaturen ….......................... 3

Vorwort ….. 4

Inhalts-Verzeichnis ….. 6

Prolog: Der gute alte Engelbert….................................... 8
Leipzig 1928 – Also sprach Zarathustra.............................. 10
Der Entnazifizierungs-Bogen ….................................... 11
Ernst Werners Beginn in Lemgo ….......................... 12

Ernst Werners Sprüche und ein Huttrick…….................. 14

Dr. Herbert Hitzemann (1916-1997) ….............................18
Ernst Werner als Lehrer und Schulleiter ….......................23

Erinnerungen von Eberhard Schröder ….......................... 26

Prof. Dr. Theodor Litt (1880-1962) ….............................. 30

Die eigentliche Leiterin des EKG 34
Kantor Walther Schmidt (1913-1991) 35

Erinnerungen von Elmar Buck ….................................. 41

Ernst Werner als Direktor in Bochum 44
Eindrücke zu Ernst Werner (von M. Wallerath) 47

Ernst Werner in Darmstadt ….........…............................ 50
Elternabend mit Finale Furioso 51
Darmstadt und Direx und Dalida 53

Ernst Schütte (1904-1972)... 55

An der Ricarda-Huch-Schule in Gießen ….........…....…...... 57

Geschwister Werner bei und in Wetzlar 61
Palim Palim ! ….........….................................. 63

Jürgen (Piko) Schulten …... 64

Danksagungen ….. 65
Foto-Nachweise ….................................. 66

Namens-Register …..................................... 67

Quellen ….. 69

Der gute alte Engelbert

Es ist die Nacht vom 4. auf den 5. April 1958. Dunkle Nacht, Nebelschwaden, keine Menschenseele unterwegs. Keine Menschenseele? Doch, eine Gruselgestalt wankt auf der Straße von Lieme in Richtung Lemgo. Schon ahnt der Verlumpte die Türme von St. Nikolai am Horizont.

Aber da ist noch ein Mann, einer mit Taktstock. Er kommt dem Gespenst aus Lieme entgegen, blickt entsetzt auf den Ur-Ur-Ur-Greis und fragt: „Kann ich Ihnen irgendwie helfen?" Der Alte antwortet mit ungeölter Stimme: „Ich bin Engelbert Kämpfer [absichtlich mit ä] und komme vom Friedhof an der Liemer Kirche. Vorhin hat es an mein Grab geklopft: 'Engelbert. Engelbert! Aufstehen! Du musst nach Lemgo. Dort ist wieder etwas Schlimmes im Gange.' Da habe ich mich auf den Weg gemacht, übrigens das erste Mal seit 242 Jahren. Was ist denn los? Wo wollen **Sie** überhaupt in dieser dunklen Nacht hin?"

„Mein Name ist Schmidt, Walther Schmidt, Kantor von Sankt Marien. Vorhin hatten wir die Aufführung der Matthäus-Passion. Sehr aufwühlend. Jetzt bin ich auf dem Weg zu Liesegang." „Liesegang? Der, wo man Bollerwagen leihen kann? Dass es den immer noch gibt." „Ja, der Liesegang. Aber der dreht inzwischen ein großes Rad. Er hat LKWs am Laufen, und Käfer kann man auch bei ihm mieten." „Käfer? Maikäfer wie die von der Maibolte?" „Nein, viel größere. Da kann man sich sogar als Mensch reinsetzen und durch die Gegend düsen. Hat übrigens einen luftgekühlten Motor, so ein Käfer. Ganz apart." Engelbert: „Ich verstehe nur Bahnhof. Naja, macht nix. Aber warum wurde ich aus meinem Grab geklopft?"

WS: „Es ist etwas Schlimmes im Gange!" EK: „Naja, schlimmer als die Hexenverfolgung in meinen jungen Jahren kann es doch kaum sein." WS: „Sie Glücklicher. Seien Sie froh, dass Sie die Nazi-Zeit nicht miterlebt haben. Die Nazis hatten null Hemmungen. Sie haben sogar das Gymnasium nach Ihnen benannt!" EK: „Das ist es also?!" WS: „Nein, ganz frisch. Ernst Werner, der beste Schulleiter, den die Schule in Lemgo je hatte, wird aus der Stadt vertrieben. Ich muss ihn und seine Privatbibliothek jetzt gleich zum Nachtzug nach Altenbeken bringen, mit dem Käfer."

Plötzlich rüttelt es an meiner Schulter, „Ingo, Ingo! Du schreist im Schlaf. Was ist denn los?" Schweißgebadet komme ich zu Sinnen und merke, dass ich im Bett liege, neben mir die treu sorgende Ehefrau. Ich schaue in ihr erschrecktes Antlitz, muss mich erst sammeln... Tja, wenn man 16 Stunden am Tag an einem Buchprojekt zu Ernst Werner sitzt, dann lässt es einen auch im Schlaf nicht los.

Im Kapitel zu Kantor Schmidt wird die wirklich 1958 passierte Fahrt von Walther Schmidt und Ernst Werner nach Altenbeken beschrieben.

Hinten auf dem Motorrad sitzt nicht Engelbert Kaempfer, sondern Karl Meier, 1946

Leipzig 1928: Also sprach Zarathustra!

Der Mitstudent Harm Klugkist erinnerte sich 1987 an eine Nacht in Leipzig (Text gefunden im Nachlass von Volkhard Brandes): Leipzig, so um 1928, privater Saufabend. 5 Lodzer Kommilitonen - 2 Flaschen Rum, 2 Flaschen Cognac, je 1 Liter, sind ausgetrunken, eine Literflasche Kölnisch Wasser steht noch da. Einer schenkt sich davon ein, alles lacht. Kurz danach ist auch diese Flasche leer - wir haben alle davon getrunken.

Nichts Trinkbares mehr da; wir gehen sehr laut die Treppe hinunter. Ein Polizist steht da. Ernst [Werner] sieht ihn, zieht einen Bademantel an, der an der Tür hängt, und deklamiert „Also sprach Zarathustra, und also wiederholten es sein Propheten ..." Der Polizist muss lachen und verschwindet. Also hatte Ernst Werner schon als Student theatralische Gaben.

4711 Echt Kölnisch Wasser und Bademantel 2022

10

Der Entnazifizierungs-Bogen

Beim Recherchieren zu Ernst Werner habe ich auch seinen Entnazifizierungs-Fragebogen im Landesarchiv NRW gesichtet, ausgefüllt in Stockhausen bei Wetzlar am 11. Oktober 1946. Im Bogen hatte er alle Antworten auf die weit mehr als 100 Fragen der britischen Besatzer mit Schreibmaschine eingetragen.

Unter 10. stand als besonderes Merkmal: „oberes Glied des linken Daumens amputiert". Später trug Werner oft eine Ledermanschette um den Daumen. In Bochum witzelten Schüler, die Verletzung stamme wohl vom Karottenschneiden.

Als ständigen Wohnsitz hatte er angegeben: Lissa (Polen), Kastanienallee 4 a (Ostflüchtling). Interessant fand ich, dass Werner 1933/34 zwölf Monate Wehrdienst in der polnischen Armee geleistet hatte und dabei in einer Artillerieschule Fahnenjunker, also Offiziers-Anwärter, geworden war. Später im Krieg erreichte er in der deutschen Wehrmacht „nur" den Grad eines Gefreiten. Als Schulleiter, in Lemgo wie auch in Bochum, machte sich Ernst Werner manchmal über das Militär und Nazi-Führer lustig, indem er sie im Klassenraum persiflierte.

Oft hatte er im Entnazifizierungsbogen als Antworten nur knapp „ja" oder „nein" eingetragen. Bei zwei Punkten stand jedoch ein **„ne in" statt „nein"**. Vielleicht nur ein Zufall, vielleicht aber steckte mehr dahinter. Ich habe es nicht herausgefunden.

Frage 93. Mitglied in der Staatsakademie für Rassen- und Gesundheitspflege? **„ne in"**

Frage 113. Waren Sie jemals Mitglied einer nach 1933 aufgelösten oder verbotenen Gewerkschaft oder eines Berufs- oder Wirtschaftsverbandes? **„ne in"**

Ernst Werners Beginn in Lemgo

Die ersten Jahre nach der Entnazifizierung arbeitete Ernst Werner im Düsseldorfer Kultusministerium. Dort war er als Oberregierungsrat maßgeblich an dem Erlass beteiligt, der das Schlagen von Schülern in der Schule explizit verbot.

Bald aber sehnte er sich nach Schulalltag und Lehrertätigkeit zurück. Seinem Antrag wurde stattgegeben, und er bekam die nach dem Tod von Dr. Ulrich Walter verwaiste Stelle des Direktors am Engelbert-Kaempfer-Gymnasium. Im Herbst 1949 besuchte ihn sein Doktorvater Professor Theodor Litt, in Lemgo. Dabei entstand das Foto vor dem Hauptgebäude.

Herbst 1949: Links Theodor Litt, rechts Ernst Werner

Am 2. März 1950 wurde in der lippischen Tageszeitung 'Freie Presse' über die erste Reifeprüfung am EKG unter Ernst Werner berichtet:

„... Die Endphase dieser Abschlußprüfung und damit das Aufregendste an der ganzen Sache ist immer das mündliche Abitur. Doch diesmal war es etwas anders. Die mündliche Prüfung, die unter Vorsitz des Prüfungs-Kommisars, Oberstudiendirektor Dr. Klingler, als Beauftragten des Kultusministeriums, stattfand, glich eher einer Diskussion, einem Gespräch, in das die Mitglieder des Lehrerkollegiums [Werner?!; IA] eingriffen.

Nicht nur nüchternes Schulwissen, sondern echte Probleme wurden im Gespräch mit den Prüflingen erörtert. So, wie es einer der Abiturienten im Laufe des vergangenen Schuljahres in seiner Korrespondenz mit dem großen Wissenschaftler Albert Einstein getan hatte..."

Meine intensive Suche nach ähnlichen Abschnitten zum EKG-Abitur in den Tageszeitungen der Folgejahre blieb ohne wesentlichen Erfolg. Es fand sich nur ein Bericht über eine Versammlung der Gewerkschaft GEW in Lippe vom 7. März 1953, wo Ernst Werner als Vertreter der höheren Schulen in Lippe genannt war, ebenso der Mathematik- und Physik-Lehrer Deubel vom EKG.

- - -

Der Leipziger Professor Friedrich Klingner hatte übrigens im April 1946 in einem Empfehlungs-Brief für Ernst Werner geschrieben: „... Ich rege daher an und befürworte es auf das dringendste, dass Herr Dr. Werner einer deutschen Unterrichtsverwaltung zur Verfügung gestellt werde." Vielleicht wusste Klingner, dass Werner im Unterricht selbst problematisch sein konnte.

Ernst Werners Sprüche und ein Huttrick

In Lemgo erregte Werner Aufsehen und Ärgernis mit provokanten Sprüchen. Hier sind die vier wohl bekanntesten:

„Ich verbiete euch zu gehorchen!"

„Ich will aus den Kindern von Nazis gute Menschen machen!"

„Sapere aude (Nutze Deinen Verstand)"

„Wenn Euch ein Lehrer schlägt, dürft ihr zurückschlagen." Von diesem Spruch kursierten in Lemgo auch die Varianten „Wenn Euch Euer Vater schlägt..." und sogar „Wenn Euch Eure Mutter schlägt ..."

In Lodz soll Werner in den 1930ern einen Lehrer-Kollegen, der gerade einen Schüler geohrfeigt hatte, gefragt haben: „Hätten Sie sich das bei Max Schmeling auch getraut?"

Viel diplomatischer ging es die deutsch-deutsche Liedermacherin Bettina Wegner an. Von ihr stammt aus dem Jahr 1978 das Lied „Sind so kleine Hände, winzge Finger dran. Darf man nie drauf schlagen, die zerbrechen dann". In den 80er Jahren erreichten Lied und Text fast die ganze westdeutsche Gesellschaft, insbesondere die Seminare der Hochschulen.

In Lemgo und Bochum gab es Schüler, die nach einer Lehrer-Ohrfeige überlegten, ob sie zurückschlagen sollten. Alle, mit denen ich sprach, verzichteten darauf.

Ein ganz anderer Fall passierte auf einer Klassenfahrt des EKG nach Frankreich, Mitte der 1950er Jahre. Der Mathelehrer

Russig war bei einem Ausflug an den Atlantik guter Laune und bot dem kräftigen Schüler Eberhard Schröder einen Boxkampf an. Schröder wollte zunächst nicht. Als Russig sein Angebot wiederholte, wich der Schüler nicht aus. Doch nach den ersten Wirkungstreffern hatte Herr Russig genug und beendete das Duell vorzeitig.

Der Spruch, aus den Kindern von Nazis gute Menschen zu machen, kam bei der Lemgoer Elterngeneration nicht gut an. Bei seiner Einführung am humanistischen Gymnasium in Bochum wählte Ernst Werner eine andere Formulierung: Er bezog sich jetzt auf eine Pestalozzi-Biographie mit dem friedlichen Titel „Lasst uns Menschen werden."

Das Titelblatt einer Schweizer Pestalozzi-Biographie von 1946

Unter Werners Motto 'Sapere aude' wurde die erste Lemgoer Schulzeitschrift gegründet, wobei Schüler die Titelgrafik gestalteten.

Vom Titelblatt des zweiten Buchs: Werners 'Sapere aude'
Man beachte in der Zeichnung das Dreieck mit $a^2 + b^2 = c^2$

Am liebsten gab Ernst Werner Vertretungsstunden, die er meist für Impuls-Referate nutzte. Dabei hinterfragte er auch wiederholt den Slogan 'Geld arbeitet'. Er legte zu Beginn der Stunde einen Geldschein auf das Pult und deckte ihn mit einem Hut zu. „Wollen mal schauen, wie das Geld arbeitet." Am Ende der Stunde nahm er den Hut weg, sah den Schein so liegen wie zu Stundenbeginn und fragte theatralisch: „Und, hat das Geld gearbeitet?" Viele Schüler waren beeindruckt, andere hielten die Aktion für Hütchenspielerei oder einen billigen Trick.

Hat der Hunderter unter der Baskenmütze gearbeitet ?

Dr. Herbert Hitzemann
(1916 - 1997)

Oft lief Ernst Werner ohne Ankündigung in laufende Unterrichtsstunden irgendwelcher Klassen und sprach dann einfach Themen an, die ihn gerade umtrieben. Das war natürlich für die betroffenen Lehrer sehr störend. Schlimm wurde es, wenn Werner dann auch noch Tiraden über diese (anwesenden) Lehrer vom Stapel ließ.

Besonders arg betroffen im Kollegium war Dr. Herbert Hitzemann, den Werner einmal vor der Klasse als dümmsten Lehrer der Anstalt bezeichnete - aus welchen Gründen auch immer. So etwas darf ein Schulleiter einfach nicht machen.

Der Stachel saß tief bei Hitzemann, siehe dazu im übernächsten Absatz. Zunächst sei aber der Lebenslauf von Herbert Hitzemann wiedergegeben. Gefunden habe ich ihn in seiner Doktorarbeit im Archiv der Universität Münster. Die Arbeit im Fach Geschichte trägt den Titel „Die Auswanderung aus dem Fürstentum Lippe". Tag der mündlichen Prüfung in Münster war der 27. Februar 1953 (ein Freitag). Gutachter der Dissertation waren die Professoren Werner Conze und Kurt von Raumer.

Lebenslauf von Herbert Hitzemann: „Am 18. Januar 1916 bin ich in Löhne als Sohn des Zigarrenfabrikanten Otto Hitzemann geboren. Nach dem Tode meines Vaters, der im Herbst 1916 an der Somme fiel, zog meine Mutter in ihre Heimatstadt Lemgo zurück, wo ich im Jahre 1935 am Reform-Realgymnasium meine Reifeprüfung bestand. Von 1935 - 1939 studierte ich an den Universitäten Marburg und Freiburg. Im Herbst 1939 bestand ich an der Universität Marburg mein Staatsexamen in den Fächern Englisch, Geschichte und Geographie bei den Herren Prof. Dr. Mommsen, Prof. Dr. Taeger, Prof. Dr.

18

Deutschbein, Prof. Dr. Jaensch und Prof. Dr. Dürin. Bei Ausbruch des Krieges wurde ich Soldat, wurde bei dem Kampf um Brest [in der Bretagne] im September 1944 verwundet und geriet in englische Gefangenschaft, aus der ich im Herbst 1946 entlassen wurde. Nach meiner Rückkehr erhielt ich eine Anstellung am Gymnasium meiner Heimatstadt Lemgo und holte im Herbst 1947 meine Assessorenprüfung nach. Die Anregung zu dieser Arbeit verdanke ich Herrn Prof. Dr. Mommsen. Durch meine Einberufung musste ich die im Sommer 1939 begonnene Aktendurchsicht im Detmolder Archiv unterbrechen und konnte erst nach 8 Jahren die Arbeit wieder aufnehmen. Zu besonderem Dank bin ich ferner Herrn Prof. Dr. Conze und Herrn Archivdirektor Dr. Kittel verpflichtet, die mir die Fortsetzung der Arbeit nach dem Krieg ermöglichten."

Dr. Herbert Hitzemann in der Klasse, Mitte der 1950er Jahre

Während der Entstehung des Buchs "Ich verbiete euch zu gehorchen" kontaktierte Mitherausgeber Volkhard Brandes auch

Herrn Hitzemann und bot ihm Gelegenheit zu einer Stellungnahme oder einem Interview. Dr. Hitzemann machte von dem Angebot keinen Gebrauch. Aber 1989, also im Jahr nach dem Erscheinen des Buchs, übergab Dr. Hitzemann einen Teilnachlass zu seiner Person dem Lemgoer Stadtarchiv. Darin finden sich viele ausgeschnittene und aufgeklebte Zeitungsartikel zum EKG-Schulleben, unter anderem auch zur Krise im Jahr 1957.

Besonders spannend waren aber drei abgetippte (anonymisierte) Briefe im Teilnachlass. Nach dem Weggang Werners aus Lemgo hatte Hitzemann Kontakt zu einem Lehrer in Bochum, wo Werner von 1958 bis 1960 Schulleiter war und zu einem anderen in Darmstadt, wo Werner das LGG von 1960 bis Mitte 1961 führte. Diese Briefpartner beschrieben, welche Probleme Ernst Werner im Schulalltag hatte.

Aus einem [längeren] Brief aus Bochum vom 10.7.1960:
„..., daß hier kein Mensch mehr von W spricht, weil ihn niemand vermißt. Er ist weg, und damit ist Ruhe und Frieden wiederhergestellt, was übrigens nicht Friedhofsruhe heißen soll, sondern, wie mir ausdrücklich gesagt worden ist, auch die Ordnung beginnt in der Schule wieder einzuziehen. ... Vielleicht wird auch eine Oberstufenschüler-Stimme Sie interessieren: Was W gesagt habe, habe im allgemeinen 'Hand und Fuß gehabt', aber man habe deutlich spüren können, daß ihn unter den Schülern eigentlich 'keiner ernst nahm' (wörtlich); vermißt wird er also auch hier NIRGENDS. Im Gegenteil habe ich auch sehr ablehnende Elternstimmen von gescheiten Leuten gehört ...“

Aus einem [längeren] Brief aus Darmstadt vom 27.5.1961:
„... Du hast recht, in einer 'Großstadt' wie Darmstadt finden interne Ereignisse einer Schule in der Öffentlichkeit nur

vorübergehende Beachtung. Sie interessieren nur die unmittelbar Beteiligten. Ich hätte Dir schon längst einmal über Deinen 'Freund' Dr. Werner berichten sollen. Ich bin über die Zustände am 'Ludwig-Georgs-Gymnasium', einer der ehrwürdigsten und ältesten Schulen Hessens, bestens im Bilde, zumal ein Bundesbruder von mir (Mathematiker) an dieser Schule Vorsitzender des Betriebsrates ist.

Dr. Werner hat es glänzend verstanden, in der kurzen Zeit seines Hierseins sich mit allen, mit denen er es zu tun hatte, zu überwerfen.
       a) Schüler: ...
       b) Lehrer: ...
       c) Eltern: ...
…
Dein Prognosen über Dr. Werner haben sich voll und ganz bestätigt. Nun genug von diesem üblen Kapitel der Darmstädter Schulgeschichte."

Aus einem Brief aus Darmstadt vom 2.Nov.1961:
„... Nun für Dich eine interessante Neuigkeit: Dein 'Freund' Dr. Werner – Oberstudiendirektor am ehrwürdigen Ludwig-Georgs-Gymnasium zu Darmstadt, - wurde 'auf eigenen Wunsch' nach Gießen versetzt … Die einzig Leidtragenden sind die Schüler, die bei ihm altsprachlichen Unterricht hatten. Er gestattete nämlich, daß bei Klassenarbeiten Wörterbücher benutzt wurden – 'ganz moderner Unterricht'. Von jetztab wird gerade diesen Schülern wieder der Wind etwas mehr um die Nase wehen. ..."

Es scheint, dass Hitzemann in Gießen, wo Ernst Werner die Ricarda-Huch-Schule von 1961 bis Anfang 1970 leitete, keinen Brief-Informanten hatte. Im Teilnachlass finden sich aber einige Gießener Zeitungsausschnitte, in denen es auch um Ernst Werner ging. Siehe dazu im Gießener Kapitel.

Auch im Teilnachlass von Hitzemann liegt ein 26 Seiten starkes getipptes Dossier (in Rohversion) über Ernst Werner aus dem Jahr 1957. Der Autor ist nicht genannt, aber vermutlich handelt es sich um Dr. Franz Mansfeld (1900-1957, Lehrer am EKG in den 1950er Jahren bis zu seinem Tod). In dem Text, der wohl für den Oberschulrat Dr. Stegmann in Detmold gedacht war, sind viele einzelne Episoden des Wirkens von Werner in Lemgo beschrieben und diskutiert.

Am Schluss des Dossiers folgt eine harte Einschätzung zur Persönlichkeit: „Im Verein mit seiner [Werners] autistischen Veranlagung und seiner autokratischen Selbstherrlichkeit führt das nun schon jahrelang zu unaufhörlichen Spannungen. ... Es gibt nur EIN Problem an unserer Schule, das alle anderen überschattet, und das heißt: Werner - es ist ein charaktero-logisches Problem." [Ende des Dossiers]

Zu indirekten Disputen zwischen Werner und Mansfeld siehe auch im Kapitel mit Material von Eberhard Schröder.

Ingo Althöfer: Mein Schwager Heinrich Schüring legte seine Abiturprüfung 1974 am EKG in Lemgo ab und hatte Dr. Hitzemann als Lehrer im Fach Englisch. In Heinrichs Erinnerung war Hitzemann ein guter Lehrer.

Ernst Werner als Lehrer und Schulleiter

Ernst Werner besuchte das Deutsche Gymnasium in Lodz und legte dort im Jahr 1926 ein tolles Abitur ab mit vielen „Sehr Gut"- und „Gut"-Noten. Selbst in Mathe erreichte er ein Sehr Gut.

Nach dem Philologie-Studium in Leipzig und der Promotion bekam er die Zulassung als Gymnasiallehrer für die Fächer Latein, Griechisch und Philosophie. Bekannt und in den Kollegien wegen seiner unkonventionellen Ansätze gefürchtet war er schon in seinen ersten Lehrerstellen in Polen (in Lodz und in Lissa). Vielleicht war dies auch der Grund, warum ihm der Leipziger Professor Klingner in einem Gutachten von 1946 besonders für eine gehobene Stellung in der Schul**verwaltung** vorschlug.

Im Kultusministerium von NRW in Düsseldorf hielt Werner es ab 1946 aber nur für wenige Jahre aus. Immerhin war er dort maßgeblich an dem Erlass beteiligt, der Lehrern das Schlagen von Schülern definitiv verbot.

Werner wollte aber wieder „an die Schulfront", wieder jungen Menschen Bildung und Werte vermitteln. Er erreichte, dass er im Frühjahr 1949 in die nach dem Tod von Dr. Ulrich Walter vakante Schulleiterstelle eingesetzt wurde. In Lemgo konnte man sich nicht vorstellen, dass jemand freiwillig aus dem Ministerium in ihre Provinz kam. Manche spekulierten, dass es eine Strafversetzung war und fragten sich, was Werner in Düsseldorf ausgefressen haben könnte.

Als Schulleiter hatte Ernst Werner mindestens vier Stunden pro Woche zu geben, was sich leicht durch die Betreuung von ein oder zwei Prima-Klassen in Latein bewerkstelligen ließ. Neben seinem regulären Fachunterricht liebte Ernst Werner aber besonders Vertretungsstunden: Da sprang er - meist ohne große Vorbereitung - in die Klasse und hielt ein aufrüttelndes **Impuls-Referat**, zu einem Thema, was ihn in dem Moment gerade umtrieb.

Manchmal, wenn Kantor Walther Schmidt vormittags eine Orgelprobe in St. Marien hatte, sauste Ernst Werner in eine Klasse und befahl, dass alle sofort in die Marienkirche zu gehen hätten, um dem Orgel'konzert' zu lauschen. Der betroffene Lehrer, der eigentlich seinen normalen Unterricht machen wollte und auf die Störung gar nicht vorbereitet war, konnte nichts machen. Es war halt eine Anordnung der Direktors. Werner selbst streute dann auch noch seine Sicht: „Wer die h-Moll-Messe mitsingt, hat das Abi eigentlich schon in der Tasche."

Mit dem Physiklehrer Dr. Herbert Deubel fetzte Werner sich einmal vor versammelter Klasse, ausgelöst durch seine Bemerkung, Geschichte sei doch als Fach viel anspruchsvoller als Physik.

Speziell war der Ablauf mancher Latein-Klausur bei Ernst Werner. Die Schüler sollten sich (ruhig einzeln) nachmittags zwischen zwei und drei Uhr in der Klasse einfinden. Jeder Eintretende bekam einen anderen Textabschnitt zur Übersetzung. Wenn alle anwesend waren und ihre Themen hatten, ging Werner nach Hause (es waren ja nur 200 Meter bis zum Lehrer-Aquarium) und überließ die Schüler sich selbst. Wenn alle fertig waren, hatte der Primus die Arbeiten einzusammeln und bei Ernst Werner abzugeben. Manchmal glaubten Schüler, die Freiheit ausnutzen zu können, und rannten zur Buchhandlung Weege, um sich schnell Übersetzungen zu kaufen. Das brachte aber keinen Erfolg.

24

Der Lehrer Dr. Heinz Schultz, den Werner im Jahr 1954 überzeugt hatte, dass Lemgo (und Westdeutschland) für ihn besser sei als das muffige Rostock in der Sowjetzone, kopierte einige von Werners Besonderheiten. Einmal ließ Schultz eine Deutsch-Klausur schreiben und sagte den Schülern: „Wenn Sie zwischendurch mal eine Pause brauchen, dann gehen Sie doch einfach in ein Cafe, stärken sich dort, und kehren ausgeruht und mit frischen Kräften an die Klausur zurück."

Etliche Jungs aus der Klasse ließen sich nicht zwei Mal bitten. Dummerweise hatten sie sich ein Cafe ausgesucht, in dem gerade eine Gruppe anderer **EKG-Lehrer** einen Stammtisch abhielt. Die regten sich fürchterlich auf und nahmen sich den Kollegen Schultz zur Brust. In der Folge unterblieb die Ermunterung zur Cafe-Pause.

In diesem Alt-Lemgoer Heft fand sich im Vorwort die Cafe-Erinnnerung von Karl-Heinz Richter (EKG-Abi 1958)

Erinnerungen von Eberhard Schröder

Familie Schröder wohnte im 'Lehrer-Aquarium' im Rampendal, in Nr. 24 in der Mitte direkt unter der Wohnung des Schulleiters.

Rampendal 24, fotografiert im März 2022
Ernst Werner wohnte im ersten Stock, Schröders unten

Vater Heinrich war Lehrer am EKG, und Sohn Eberhard Schüler der Anstalt. Schröder junior bekam natürlich mehr von und über Ernst Werner mit als Mitschüler, die woanders wohnten. Auch hatte er die Gabe, Personen und ihre Stimmen zu imitieren. Einmal unterhielten sich Eberhard Schröder und Klaus Theimann (Theimanns Vater Dr. Theodor war auch EKG-Lehrer, für Chemie und Physik) lautstark, der eine aus dem offenen Wohnungsfenster heraus, der andere von der Straße her.

Plötzlich funkte Ernst Werner aus seinem Fenster dazwischen. Er fand es nicht lustig, dass Eberhard seine Stimme nachmachte. Durch den polnischen Akzent sprach Werner ein sehr hartes "r" und "rr". Einmal, als er beim Optiker eine Lesebrille angepasst bekam und der Optiker ihm ein bestimmtes Modell mit der Bemerkung empfahl „mit der Brille sehen Sie sehr gut aus", war die Erwiderung **„HRR, ich brauche nicht eine Brrille für das Aussehen, sondern für das Durrchsehen."**

Am EKG war auch Stephan Hoffmann als Schüler, ein Neffe Werners. Wie so oft, war dies für den Jungen nicht immer einfach. Einmal kam Schulleiter Werner in die Klasse des Neffen und fragte laut: „Stephan, was haben wir für den Deutschaufsatz bekommen?" „Eine Vier, Onkel", war die desillusionierende Antwort. Man ahnt, was passiert war: Der Onkel hatte beim Schreiben geholfen. Man fühlt sich an die Vater-und-Sohn-Bilder-Geschichte ähnlichen Inhalts erinnert.

Ingo Althöfer erinnert sich an eine ähnliche Geschichte aus der eigenen Familie: Bruder Lutz sollte (1973) in der Grundschule in einem Aufsatz beschreiben, wie er ein Loch im Fahrradschlauch flickte. Unser Vater half und formulierte an einer Stelle „Nach dieser Kontrolltätigkeit ..." (gemeint war das Prüfen des Schlauchs im Wasserbad, ob sich Bläschen zeigten). Der Lehrer markierte das als 'Ausdrucksfehler'. Im Nachhinein konnten wir als ganze Familie darüber lachen. Unser Vater war übrigens Beamter.

Eine Szene im Haus Rampendal 24 war theaterreif. Manchmal kam der Lehrer Dr. Mansfeld, um beim Kollegen Schröder seine Meinung zu erklären oder Dampf über der Direktor abzulassen. Die Decken im Haus waren nicht die dicksten (oder Mansfeld hatte ein lautes Organ). Jedenfalls klopfte es kurz später vorne an der Wohnungstür - es war Direktor Werner. Vater Schröder ahnte das und ließ zuerst Herrn Mansfeld durch den Hinterausgang aus der Wohnung, ehe er vorne für Ernst Werner öffnete. Jetzt konnte Werner ungestört von der Anwesenheit Mansfelds seine Sicht der Dinge darlegen.

Vom Rampendal 24 bis in die Schule waren es nur 200 Meter. Man konnte also fast nicht zu spät kommen - sollte man meinen. Schüler kriegen aber alles hin. Einmal war Eberhard 30 Sekunden hinter der Zeit. Direktor Werner stand schon am Törchen und begann direkt über die Unpünktlichkeit zu schimpfen.

Eberhard war aber nicht auf den Kopf gefallen: Es war ein Regentag, überall auf der Straße standen Pfützen. Das reichte für folgende Argumentation: „Normal wäre ich pünktlich gewesen, aber wegen der Umgehung der Pfützen war mir der kürzeste Weg verwehrt." Werner wollte direkt zu einer Tirade ansetzen, da war Schröder junior bereits an ihm vorbei. In zehn Meter Abstand drehte sich Eberhard noch einmal zum Direx um. Der hob zwar drohend eine geballte Faust, war aber gleichzeitig schon am Lachen.

Eberhard Schröder war so freundlich, mir sein Abiturzeugnis (1956) zu zeigen. Auf der letzten Seite hatte das Prüfungskomitee unterschrieben: Oberschulrat Stegmann, Direktor Werner, die Lehrer und rechts unten in der Ecke der Kunstlehrer Erich Schulz-Sorau. Bemerkenswert, dass Werner seinen Dr-Titel nicht in der Unterschrift hatte, drei Lehrer (Klein, Hübscher, Mansfeld) aus dem Kollegium aber schon.

Schulz-Sorau hatte die Zeugnisse 'gemalt', will sagen, er hatte mit Schönschrift die einzelnen Noten eingetragen ('Befriedigend', 'Ausreichend', ...). Warum sein Name unten rechts in der Ecke stand, dafür gibt es verschiedene Erklärungen.

Entweder betrachtete er seine Unterschrift auch als Signatur der Noten-Kunstwerke, oder er hatte als Erster vorsichtshalber ganz unten signiert, weil noch nicht klar war, wie viel Platz die Kollegen für ihre Autogramme brauchten.

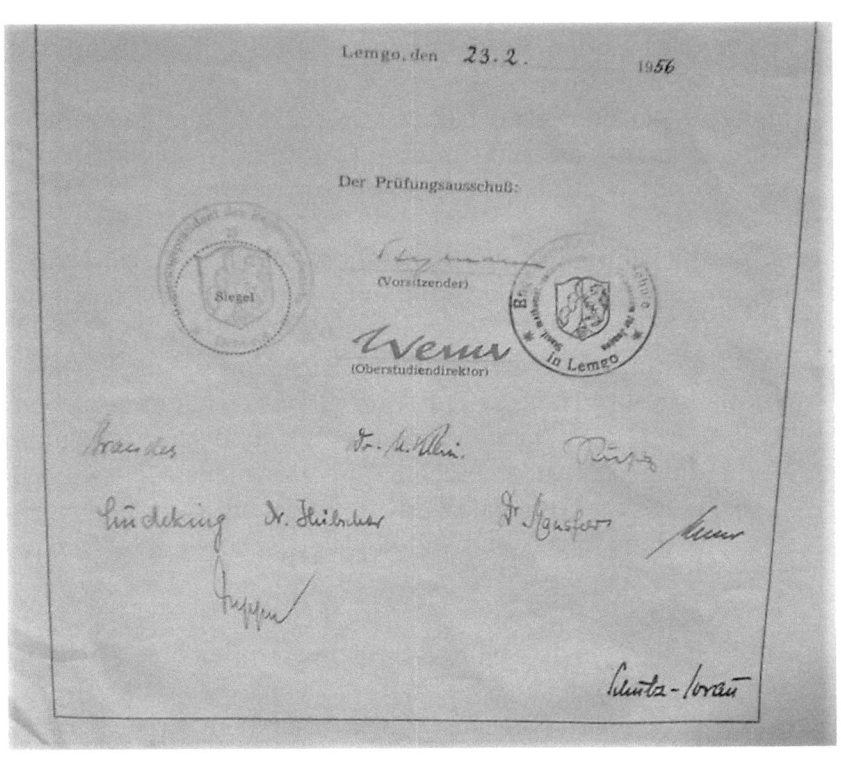

Die letzte Seite des Abizeugnisses von Eberhard Schröder
Februar 1956

Prof. Dr. Theodor Litt (1880 - 1962)

Am stärksten wurde Ernst Werner im Studium durch Prof. Theodor Litt geprägt, der auch sein Doktorvater wurde. Litt war ein Star unter den Professoren in Leipzig. Seine Vorlesungen und Vorträge waren so gut, dass selbst der größte Saal der Uni nicht all die Studenten fassen konnte, die zuhören wollten. So wurden seine Vorlesungen zum Teil mit Lautsprechern in weitere Hörsäle übertragen.

Beeindruckend an Litts Persönlichkeit war auch schon sein Pensum als Student in Bonn (und bei einem Gastsemester in Berlin). Neben dem Vorlesungsstoff war Litt sehr aktiv als Funktionsträger in der studentischen Verbindung „Makaria". Vom Historiker Harald Lönnecker gibt es dazu einen 60-Seiten-Artikel mit dem Titel „Theodor Litt und die studentischen Verbindungen". Dabei brachte Litt vor allem seine Gaben als Manager, Sänger, Pianist und Komponist ein. Von ihm stammen z.B. aus dem Jahr 1902 Melodie und schöner Klaviersatz des Liedes 'Philisterabend'.

Litt war in Leipzig sogar Rektor der Universität (1931-1932) und rieb sich im Kampf mit den Nazis auf, bis er 1937 freiwillig in den vorzeitigen Ruhestand ging. Nach dem Krieg ließ er sich überzeugen, wieder neu ins Hochschulwesen einzusteigen, zuerst für gut ein Jahr an der Universität in Leipzig und nach der baldigen Verkrachung mit den Kommunisten als Professor in der britischen Besatzungszone in Bonn. Dabei hat er als graue Eminenz wohl hinter den Kulissen viele Fäden in der Hand gehabt. Unter anderem förderte er seine früheren Schüler Ernst Werner und Ernst Schütte. Siehe etwa das Lemgoer Foto von 1949 auf S.12.

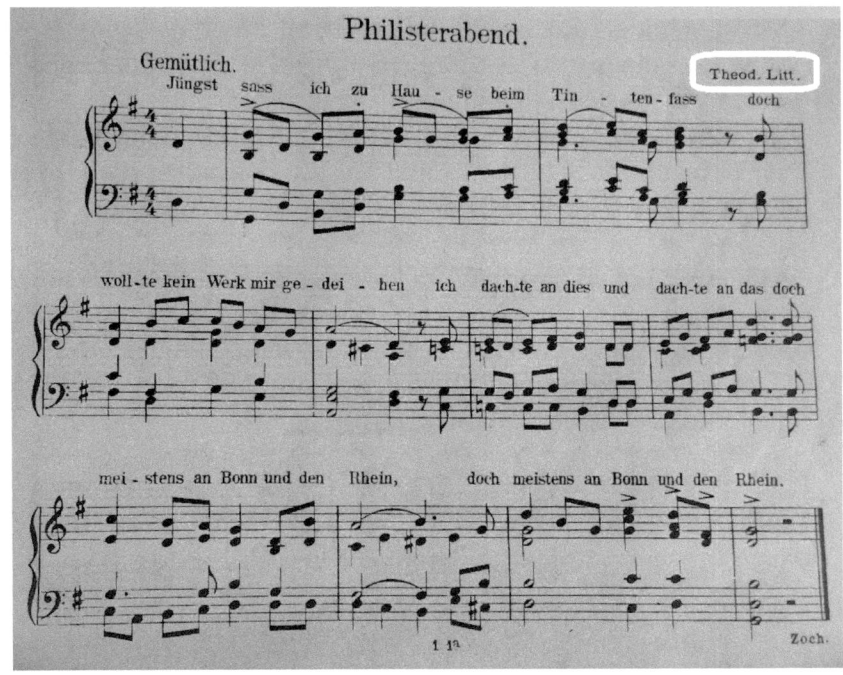

Ein Lied aus dem bekannten Kommersliederbuch von Aennchen Schumacher. Melodie und Klaviersatz von Theodor Litt

Nach dem Krieg wirkte Litt sehr für eine Reform der alten Sprachen Griechisch und Latein an den Schulen. Eine halbe Generation nach ihm wurde der Pädagoge Saul B. Robinsohn (1916 – 1972) in dieser Richtung noch viel aktiver (siehe im Buch von S. Kipf). Eine der Folgen sieht man heute: Altgriechisch ist an den deutschen Gymnasien zu einem Orchideenfach geworden (in Lippe gibt es Griechisch nur noch am Leopoldinum in Detmold, und dort nur in Form einer kleinen freiwilligen AG).

Werner hat am EKG in Lemgo das Buch 'Jahrgang 1902' von Ernst Glaeser empfohlen und lesen lassen. Glaeser (1902 -

1963) schildert im Buch - weitgehend autobiographisch - das Schicksal eines 1902 geborenen Jungen während der Jahre des ersten Weltkriegs. Dramatisch spitzt sich die Situation im Kapitel 'Homer und Anna' zu. Der Vater des Jungen erlebt an der Kriegsfront Schlimmes und hat für sich selbst die Hoffnung auf eine lebenswerte Existenz aufgegeben.

Als letzte Lösung verlangt er in einem Feldpostbrief von 1917 von seiner Frau, sie solle den Sohn von der Oberrealschule nehmen und stattdessen auf das humanistische Gymnasium in D (= Darmstadt) geben, damit der Junge gute klassische Werte kennenlerne. Der Sohn will nicht.

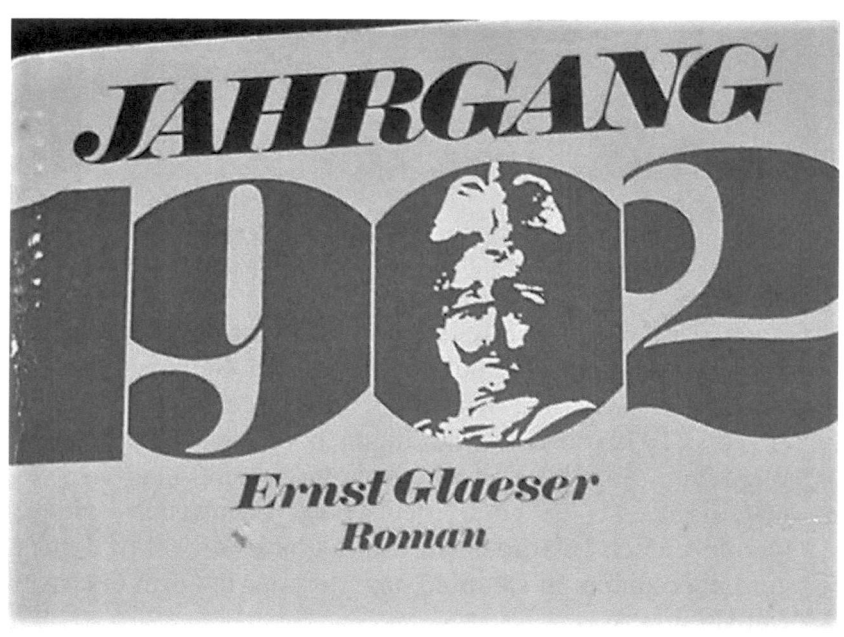

**Titelbild einer Ausgabe von Ernst Glaesers Roman „Jahrgang 1902",
erstmals erschienen 1928**

Als die Mutter ihrem Mann vom Widerstand des Jungen schreibt, insistiert der Vater: **„Der Junge hat sofort auf das humanistische Gymnasium in D zu gehen!"** So passierte es. Der Griechischlehrer, ein alter Knochen, war aber mit der Klasse und der Situation überfordert. Humanistische Werte konnte er nicht vermitteln, sondern nur 'Krimskrams' wie genaue Beschreibungen der Rüstung der Helden von Troja oder die Speisenfolge bei einem Siegesmahl der Griechen. Gleichzeitig saßen die Jungs im Klassenraum und hatten nicht genug zu essen, um ihren ganz banalen Hunger zu stillen.

Die zentrale Frage, wenn auch im Buch von Glaeser nicht beantwortet, lautet: **Wie kann guter altsprachlicher Unterricht aussehen, der den Schülern humanistische Werte gibt?** Werners Uminterpretationen des Latein-Unterrichts in Lemgo, Bochum und Darmstadt waren Versuche, echte humanistische Werte statt nur Vokabeln zu vermitteln.

Dass dabei die Fachausbildung oft zu kurz kam, wundert nicht. Helmut Schulten, der bei Ernst Werner Latein hatte und sein Abi 1959 am EKG ablegte, bekam es im Theologie-Studium zu spüren: „In Latein hatte ich aus der Schule große Lücken." Ernst Schütte, ein anderer Doktorand Litts in Leipzig und seit der Zeit enger Freund Werners, wirkte in den 1960er Jahren als Kultusminister von Hessen für eine Reformation des Schulwesens, auch der höheren Schulen.

Die eigentliche Leiterin des EKG

Am EKG gab es über mehr als vier Jahrzehnte eine Institution, die Schulsekretärin Lissi Brink (1924-2012). Direkt nach dem Krieg begann sie, und als 1988 ihr wohlverdienter Ruhestand kam, musste sie nach Aussage des damaligen Direktors Dr. Wolfgang Ulrich quasi aus der Schule getragen werden.

Elisabeth (Lissi) Brink sah Schulleiter kommen und gehen, wusste so viel mehr über die Schule als alle anderen und war immer vollkommen loyal, egal welche Eigenarten der Chef hatte. Ernst Werner sagte mehrmals, sie sei die eigentliche Leiterin der Anstalt. Zwei gefundene Foto im Schularchiv zeigen sie am Schreibtisch, mit der riesigen Stundenplan-Tafel im Hintergrund. Ihr Patenkind war so freundlich, mir ein Passfoto aus den frühen 1960er Jahren zur Verfügung zu stellen. Wahrscheinlich hat Lissi Brink 1949 das Foto von Ernst Werner und Theodor Litt geschossen (siehe auf S. 12)

Lissi Brink in den frühen 1960er Jahren

Kantor Walther Schmidt (1913 - 1991)

Aus dem Brandes-Steinweg-Wende-Buch berührt das von Kantor Walther Schmidt geschriebene Kapitel (S.165-172) in seiner warmherzigen Art besonders. Auch deshalb nimmt Werners Begegnung mit Schmidt hier im Büchlein sechs Seiten ein.

Walther Schmidt war am Ende des Kriegs mit seiner Familie nach Lemgo gekommen und wurde dort quasi sofort Kantor und Organist an der Kirche St. Marien. Besonders beeindruckt hatte ihn die Schwalbennest-Orgel.

Kantor Walther Schmidt in den frühen 1960er Jahren
Foto aus dem Nachlass von Lydia Abrath

Zitiert seien die ersten Zeilen aus dem 1988er Schmidt-Kapitel: „Ich habe Herrn Werner ziemlich bald nach Aufnahme seiner Arbeit in Lemgo kennengelernt. Schon vorher hatte ich von ihm gehört, und zwar erzählte mir der damalige Stadtdirektor Sethe: 'Sie haben übrigens in Lemgo einen Freund und einen Bewunderer, und das will sehr viel heißen, denn es handelt sich um einen sehr kritischen Menschen!' "

Das persönliche Kennenlernen fand bei einem Vortrag im 'Jungen-Gymnasium' statt, als Werner über Probleme der Kindererziehung sprach, insbesondere auch über die Prügelstrafe, die er verabscheute. Nach Ende des offiziellen Teils folgte ein langes und erregtes Gespräch zwischen Werner und Schmidt im Schulflur, und als Konsequenz luden Schmidts Herrn Werner zu sich nach Hause ein. Dort war er seitdem häufig zu Gast. An den langen Abenden blitzte auch immer wieder Werners Schalk durch, zum Beispiel bei seiner Umdichtung des Chorals: 'Herbei, oh Ihr Gläubigen'. Aus dem Vers 'fröhlich triumphierend' machte er ein 'fröhlich früh um viere'. Das hatte er schon als Kind in Lodz gesungen, weil er den Text nicht richtig verstand. Vielleicht hat dabei das Familienleben der Werners eine Rolle gespielt. Die Eltern betrieben eine Bäckerei und natürlich wird in der Backstube an normalen Tagen schon morgens früh um viere geschafft. Ernst Werner war übrigens das jüngste von acht Geschwistern.

Gespalten waren die Erinnerungen von Walther Schmidt, was Ernst Werners antiautoritäre Erziehung anging. Natürlich wusste er um Werners provokanten Spruch 'Ich verbiete euch zu gehorchen.' Andererseits sah er, wie Werner sich sehr über Unpünktlichkeit und auch über rauchende junge Menschen aufregen konnte. Dazu hatte auch Manfred Sieker Erinnerungen: Einmal erwischte Werner zwei EKG-Schüler beim Rauchen in einer Schulhofecke. Beide wurde von der Anstalt verwiesen. Ein anderes Mal kam ein Lehrer wenige Minuten zu spät, weil sein PKW nicht angesprungen war. Werner hatte aber schon die Tore zum Schulgelände abgeschlossen - und der ältere Lehrer tigerte in seiner Ungeduld davor auf und ab, wurde aber erst zur Pause eingelassen.

Ein alter VW-Käfer, von Michael Jasper 2021
perfekt mit LEGO-Steinen nachgebaut

Die Fahrt zum Nachtzug nach Altenbeken

Es folgt der Schluss-Absatz des Schmidt-Kapitels (S. 171 unten bis 172 oben): „... Ich erinnere mich noch wie heute an jene Nacht, in der wir seine Bücher und andere private Dinge in mein Auto trugen. Ich konnte kaum ein Wort sprechen. Wir fuhren zu einem Nachtzug nach Altenbeken. Es war eine Geisterfahrt. Auch die Straße habe ich in schrecklicher Erinnerung. Es war wie ein Traum, wie die Schilderung einer Straße in einem Horrorroman, so holperig war alles und dunkel. Und dann kam diese Durchfahrt durch das Tor vor dem Bahnhof Altenbeken - alles passte in diese Abschiedsszenerie hinein. Es war für mich wie eine Fahrt ins Nichts."

Das Schuljahr am humanistischen Gymnasium in Bochum begann in der Woche nach Ostern 1958. Es spricht einiges dafür, dass die Fahrt nach Altenbeken an einem Abend in der Kar- oder Osterwoche passierte. (Karfreitag war der 4. April 1958). Am Karfreitag 1958 war die Marienkantorei voll eingespannt, mit Konzerten am Nachmittag in der Dorfkirche von Sonneborn und am Abend in der Marienkirche. Zu den gesungenen Stücken gehörte nach den Aufzeichnungen der Kantorei-Chronistin Lyda Abrath (1924-2018) auch die Johannes-Passion. Möglicherweise, so die Spekulation von Ingo Althöfer, war Walther Schmidt nach diesen Auftritten in einem aufgewühlten Gemütszustand, als er Ernst Werner zum Zug brachte.

Susanne Schmidt, Tochter Walther Schmidts, teilte mit, dass ihr Vater damals noch kein eigenes Auto besaß, sondern einen VW-Käfer als Leihwagen bei Liesegang angemietet hatte. Stellt man sich den großgewachsenen Ernst Werner im doch recht engen Käfer vor, mit dem Kopf fast an den Himmel des Wagens sto-ßend, nimmt der Eindruck von einer Horrorfahrt noch mehr zu.

Als Ingo Althöfer diesen Abschnitt im Buch von 1988 las, lief ihm direkt eine Gänsehaut über den Rücken. Aus eigener Erfahrung kannte er die enge Straße von Horn über Velmerstot nach Altenbeken hinein, insbesondere auch die enge Durchfahrt unter der Bahnlinie am Ortseingang von Altenbeken. In einer dunklen Nacht im Februar 2022 überredete er seine Frau, für eine Foto-

Das Programm der Marienkantorei am Karfreitag 1958

Session mit nach Altenbeken zu fahren. Dabei entstand das eindrückliche Foto auf der nächsten Seite - die Durchfahrt ist immer noch gruselig, vor allem nachts.

Schrecklich früh um Viere in Altenbeken ?!

Erinnerungen von Elmar Buck

Ernst Werner wirkte am EKG auch auf Schüler, die erst Jahre nach seinem Weggang die Reifeprüfung ablegten. Eindrückliches Beispiel ist Theatermann Elmar Buck. Er machte sein Abi erst 1964, besuchte Ernst Werner aber später in Wetzlar. Im Telefonat Anfang 2022 erinnerte sich Buck daran, dass Werner - in Wetzlar - am liebsten einen russischen Moskwitsch als Auto gehabt hätte. Das klappte nicht, so kaufte er sich ersatzweise einen Wartburg aus der DDR.

Ein Moskwitsch 408, 1970 in Ost-Berlin

Andere Lemgoer Schüler konnten sich überhaupt nicht daran erinnern, dass Werner irgendein Auto besaß. In Lemgo hatte er

41

auch noch keines – und fuhr gerne bei anderen mit: als Beifahrer konnte er gut Vorträge halten... Eine Frage bleibt offen: Wann hatte Ernst Werner wohl den Führerschein gemacht?

**Ein Wartburg, wie er zwischen 1966 und 1988
in der DDR in Eisenach gebaut wurde**

Werners Nachfolger als Direktor des EKG wurde Wilhelm Kemper. Er war ein Disziplin liebender Mann, war auch in der NS-Zeit Leiter einer NAPOLA gewesen. Irgendwann erklärte Kemper den Schülern, dass Abiturscherze in Ordnung seien, solange es sich nicht um dumpfen Unfug wie Wände-Beschmieren oder Mist auf den Schulhof kippen handele.

Als 1964 die Abi-Klausuren und mündlichen Prüfungen überstanden waren, gab es eine von drei EKG-Abiturienten vorbereitete Theateraufführung für alle Schulklassen ab Untertertia. Titel des angekündigten Stückes: „Warten auf Archae". Die neue Aula der Marianne-Weber-Schule [sic] war voll, der Vorhang ging auf. Auf der Bühne baumelte eine einsame Glühlampe von der Decke und leuchtete still vor sich hin. Es passierte ... nichts.

Nach einiger Zeit wurden unreife Schüler unruhig; Lehrer zischten sie zur Ruhe. Nach zehn Minuten schaute aber doch ein Studienrat hinter die Bühne. Er fand ... niemanden. Die drei Macher hatten längst das Weite gesucht und saßen in einem Cafe.

Jetzt wurde Altsprachlern im Kollegium auch klar, was das Wort „Archae" in der Ankündigung bedeutete. Archae = Anfang, also „Warten auf den Anfang". Nichts anderes hatte das Publikum gemacht. Der Skandal erschütterte das EKG und die alte Hansestadt in ihren Grundfesten. Tagelang gab es kein anderes Gesprächsthema. Die „frechen" Burschen wurden von den offiziellen Abi-Feierlichkeiten ausgeschlossen und bekamen die Zeugnisse mit der Post zugestellt.

Elmar Buck wurde später Theater-Intendant in Frankfurt und auch Professor für Theaterwissenschaften in Köln. 2022 war er immer noch enttäuscht von Kemper: „Unser Abischerz war doch wirklich geistreich."

Warten auf Archae, auch 2022 noch

Ernst Werner als Direktor in Bochum

Nach dem Lemgoer Schulstreit mit seiner Eskalation im Jahr 1957 und einer regelrechten Leserbrief-Schlacht in den drei lippischen Tageszeitungen (Rundschau, Freie Presse, Landeszeitung) war Ernst Werner ernsthaft angeschlagen und für mehrere Monate beurlaubt. Aus dem Kollegium hieß es, dem EKG sei ein Wiedereinstieg des Direktors nicht zuzumuten.

Das Kultusministerium in Düsseldorf fand eine Lösung und versetzte Ernst Werner zum Beginn des Schuljahrs 1958 an das humanistische **Gymnasium (am Ostring) in Bochum**. Doch auch dort gab es schon bald Konflikte mit Lehrern und Eltern, während sich ein Großteil der Schüler für den neuen Direx begeisterte. In einer Unterprima, in der Werner Latein unterrichtete, funktionierte er diese Stunden um zu Philosophie und Zeitgeschichte.

Unter anderem las er mit den Jungs die damals populären 'Frankfurter Hefte' mit ihren konservativ-liberalen Inhalten. Der Schüler, der das Klassenbuch führte, trug zur Tarnung immer irgendwelche Übersetzungsstellen aus dem Lateinbuch ein. Der ältere Lehrer, der diese Klasse vorher gehabt hatte und ein Pauker der alten Schule war, schäumte.

Als Werner die Schule zu Ostern 1960 aus eigenem Antrieb verließ, bekam die Klasse wieder den Schleifer. Etliche schafften das Abitur in Latein nur mit Hängen und Würgen und wählten anschließend die Offizierslaufbahn bei der noch jungen Bundeswehr. Die Schüler fühlten sich ein Stück weit von Ernst Werner verraten: „Erst macht er mit uns diesen unorthodoxen Unterricht, und dann haut er ab und lässt uns im Stich."

Unvergessen blieb für alle Bochumer Jungs die Fahrt der gesamten Schule nach Sylt. Und mehrere von den Jungs besuchten

Ernst Werner im Sommer oder Herbst 1960 an seiner neuen Wirkungsstätte am Ludwig-Georgs-Gymnasium in Darmstadt.

Lateinunterricht auf der Schulfahrt nach Sylt, in den Dünen bei Hörnum. Rechts stehend Dr. Ernst Werner

Karikatur von Ernst Werner in der Bochumer Abi-Zeitung von 1961, Karikatur von Bernd Figgemeier

**Besuch 'seiner' Bochumer Lieblingsklasse in Darmstadt.
Ernst Werner stehend inmitten der Schüler in der Lehrerbibliothek**

Eindrücke zu Ernst Werner

Prof. Dr. Maximilian Wallerath, geboren 1941, legte das Abitur in Bochum ab. Seine Eindrücke zu Ernst Werner schrieb er im März 2022 nieder:

In den Jahren 1958 und 1959 unterrichtete Ernst Werner unsere Klasse in der Obersekunda und Unterprima im Fach Latein, kurz nachdem er das Amt des Schulleiters am damaligen staatlichen Altsprachlichen Gymnasium in Bochum übernommen hatte. Er verkörperte einen Lehrertyp, der sich darauf versteht, seine Schüler – neben Elternhaus und sonstigen Einflussfaktoren – beispielhaft zu prägen. So blieb er auch mir nachhaltig in Erinnerung.

Ernst Werner war eine beeindruckende Persönlichkeit, gesellschaftspolitisch hoch engagiert. Als Aufklärer und Humanist pflegte er nie ermüdend kritische Diskurse mit seinen Schülern. Er war das Gegenteil eines sprichwörtlichen „Paukers", den man seit jeher namentlich mit dem Fach „Latein" in Verbindung bringen konnte: Erstmalig durften wir den berühmten „Pons" auch bei Klassenarbeiten verwenden; das kam bei uns Schülern natürlich gut an.

Den Schülern stets zugewandt, griff Ernst Werner Im Unterricht immer wieder Gegenwartsfragen auf, konnte sich auch darin verlieren: „Es gibt Wichtigeres als Latein", so seine Worte bei einem seiner längeren gedanklichen Ausflüge in einer Lateinstunde. Haften geblieben ist auch seine Kritik am Raubbau von Wäldern, die er unter Hinweis auf die darauf bauenden Papierbedarf für eine Wochenendausgabe der „The New York Times" entfaltete. Das war gewiss der damaligen Zeit weit voraus.

Ebenso bis heute erinnerlich ist mir schließlich das Beispiel, mit dem er die auf Einzelfallerfahrung gründende, unzulässige Verallgemeinerung und Voreingenommenheit zu verdeutlichen suchte: „Ein Amerikaner nutzt das Anlegen des Kreuzfahrtschiffes in Lissabon zu einem Landgang. Bei drückender, mittäglicher Hitze kann er lediglich eine rothaarige Frau ausmachen, die den nahegelegenen Platz überquert. In seinen Reisenotizen hält er fest: 'Alle Portugiesinnen haben rote Haare'."

Ich habe diese beispielhafte Erzählung einem Bekannten in den 80er Jahren wiedergegeben, worauf dieser überraschend erklärte, er habe sie schon vor langer Zeit während seines Schulbesuchs in Lodz von einem - damals noch jungen - Lateinlehrer namens Werner vernommen. Offenbar hatte die beispielhafte Erzählung uns beide gleichermaßen beeindruckt.

Ohne die Hintergründe genauer zu kennen, war es für uns Schüler allerdings durchaus irritierend, dass Ernst Werner schon nach zwei Jahren das Gymnasium in Bochum (für uns: zum Ende der Unterprima) wieder verließ, um eine neue Leitungsaufgabe in Darmstadt zu übernehmen. Vergegenwärtigt man sich den ungewöhnlichen mehrfachen Wechsel als Schulleiter (zunächst Lemgo, dann Bochum, Darmstadt und Gießen), liegt die Vermutung nicht fern, dass dies vor allem mit seiner als „unorthodox" wahrgenommenen Rolle als Schulleiter in Zusammenhang gestanden haben dürfte.

Ernst Werner war begeisterter Lehrer wie auch „homo politicus". Insoweit ist zu bedenken, dass Themen wie Religion und Politik einen je eigenen Kontext aufweisen. Nicht zufällig gelten sie - trotz oder auch gerade wegen ihrer besonderen, persönlich berührenden Bedeutung – in sonstigen Kontexten (wie feierlichen Anlässen) als den „Hausfrieden potentiell störende", desintegrierende Themen. Auch und gerade eine freiheitliche, plurale Gesellschaft ist auf den rücksichtsvollen Umgang mit diesen angewiesen. Das gilt zumal für die Wahrnehmung von Leitungsfunktionen in kollegial ausgerichteten Organisationen, die stets auf einen Ausgleich von Individualität und Kollegialität sowie von Vorverständnis und Erkenntnisfortschritt angewiesen sind, mag dieser auch für unterschiedliche Ausformungen offen sein.

Aus eben diesem Grund ist die schulische Befassung mit solchen Themen in spezifische Formate (so in den Fächern Religion, Ethik, Neuere Geschichte und Politik) eingebunden. - Schließlich ist die Paradoxie nicht zu übersehen, wenn Ernst Werner sich gegen unkritische Autoritätsgläubigkeit ausgerechnet mit den Worten wandte: „Ich verbiete euch zu gehorchen!". Das fällt nicht nur der eigenen Aussage in den Rücken, sondern mag auch als ein „Aufbringen gegen die Eltern" verstanden worden sein. Ich selbst habe dies freilich in Bochum so nicht erlebt.

Alles in allem scheinen in dem beruflichen Wirken Ernst Werners auch tragische Züge auf: Ein hoch engagierter Lehrer von großer Authentizität und bemerkenswerter Strahlkraft, der seine Schüler ganz im aufklärerischen Sinne der Unterscheidung von Fakten und Fiktionen mitzunehmen verstand, dessen Idealismus sich aber an der Wirklichkeit der ihm überantworteten Doppelrolle rieb und ihm, wie man vermuten darf, mehr abverlangte, als er mit seinem aufrechten Gang zu leisten vermochte.

Ernst Werner in Darmstadt

Das Ludwig-Georgs-Gymnasium in Darmstadt hatte eine lange Tradition als humanistische Bildungsanstalt – und ein Kollegium mit Traditions-Bewusstsein. Dabei gab es auch immer wieder traurige Phasen, zum Beispiel in den 1880er Jahren. Ein Lateinlehrer focht damals einen harten Strauß um Einfluss mit dem führenden Mathelehrer der Anstalt aus. Der Lateiner hatte eine Rechenschwäche, wollte das aber nicht in der Öffentlichkeit eingestehen. So klebte hinten in seinem Lateinbuch eine Additions-Tabelle für alle Zahlen zwischen 1 und 10, so dass er im Falle eines Falles schnell nachschauen konnte. Vorher hatte er mal bei der Frage nach 7+9 gesagt: 'circa 15'. (Quelle: Unter der Diltheykastanie – Schulerinnerungen; 1929)

Ernst Werner legte sich gleich zu Beginn mit dem Griechischlehrer Mechlenburg an, indem er sich zum Zweitkorrektur der Abiturklausuren machte, die Mechlenburg gestellt und erstkorrigiert hatte. Eine Arbeit, die bei M mit einer 1 beurteilt war, fand Werner gar nicht überzeugend; das sei bestenfalls eine 4.

Woher kam die Diskrepanz? Mechlenburg hatte die Schüler darauf getrimmt, 1:1 zu übersetzen, ohne jede sprachliche Glättung. Und für Werner war dieses genau das Hauptmanko der klassischen humanistischen Sicht, wo es nicht auf den Sinn, sondern nur auf die Form ankam. Am Ende setzte sich Mechlenburg mit Hilfe zweier weiterer Korrektoren durch.

Auch in Mathematik wollte Ernst Werner kräftig umrühren. Er schlug vor, Mathe nicht bis zum Abi zu fordern, sondern nur bis Ende der Klasse 11; dafür sollte es dann die „Halbreife" geben. Damit kam er nicht durch, auch nicht mit seinem Vorschlag, Zeugniskonferenzen überhaupt abzuschaffen.

Elternabend mit Finale Furioso

Am Ludwig-Georgs-Gymnasium hatten weder das Kollegium noch die Eltern Verständnis für den Freigeist Ernst Werner. In der Stadt machte das Finale eines Elternabends mit dem Direktor die Runde. Hier ist es mit LEGO-Figuren nachgestellt.

Zuerst fing alles normal an.

Bald entbrannte aber eine hitzige Diskussion um irgendwas, in die Ernst Werner mit einem theatralischen Trick richtig Öl goss. Er drehte seinen Stuhl um 180 Grad, nahm wieder Platz und machte die Ansage: „Die Diskussion mag jetzt weitergehen."

Die Eltern schauten sich an und kamen wortlos überein, dass der Abend schon spät genug sei.

Es blieb am Ende ein einsamer Direktor.

Darmstadt und Direx und Dalida ...

Eine Abschlussklasse des Jahrgangs 1961 am Ludwig-Georgs-Gymnasium führte eine Revue auf: Zu jedem Lehrer ein Lied, und zum Direktor ein ganz besonderes, eine Variante des damals populären Chansons „Am Tag, als der Regen kam", von Dalida. Der Spezialtext stammte von Dieter Arheiliger (1941-2019).

Am Tag als der Direx kam
lang ersehnt, heiß erfleht
hier an unsere Schule
die verlassen und einsam lange war

Er kam und sah und wusste gleich
hier weht ein viel zu konservativer Wind
hier fehlt der richtge Mann
der vieles ändern kann geschwind

Doch schnell stieß er auf Widerstand
die Schüler gingen Hand in Hand
mit den Lehrern contra dominum
doch er blieb fest und fiel nicht um
ja, ja, ja, ja, ja, ja, ja [gesungen so wie von Dalida]:

Am Tag als der Direx kam
lang ersehnt heiß erfleht
da gabs zu diskutieren
und viel zu alterieren

und weshalb
es gab viel Krach und keiner war
zuletzt der Sieger, das ist wohl klar
denn die Gegensätze warn zu stark
und jeder sprach das ist doch Quark

53

und keiner konnt' entscheiden auch
wie es hier wird in diese Haus'
doch der Chef er hatt' das letzte Wort
und sprach zum Schluss in einem fort

> Ja, ich bin klug und weise
> und mich betrügt man nicht
> Ja, ich bin klug und weise
> und mich betrügt man nicht
> ja .... betrügt man nicht
> ja .... betrügt man nicht

Musikfreunde kennen das Motiv in der letzten Strophe: es ist die Arie des naiven Bürgermeisters in der Lortzing-Oper 'Zar und Zimmermann'.

In der Lehrerschaft war Ernst Werner auch deshalb von Anfang an umstritten, weil es kein reguläres Besetzungsverfahren gegeben hatte. Nochmals Georg Mechlenburg (1927-2021) im Buch von 1988: „1960 brachte Kultusminister Schütte Herrn Werner als Direktor hierher, seinen Freund. Es wurden damals alle Hürden der Bewerbung übersprungen. Die Stelle war wohl ausgeschrieben, aber das wurde alles beiseitegeschoben vom Kultusministerium. Es kam eben nur einer in Frage, Dr. Werner. Dass das kein guter Anfang in einem Kollegium war, das ein Zusammengehörigkeitsgefühl hatte und auch in personellen Dingen ein Mitspracherecht wollte, versteht sich von selbst. Und was sonst nicht üblich ist, Herr Dr. Werner wurde durch den Kultusminister persönlich eingeführt. Es wurden seine persönlichen Verdienste herausgestellt, die sich vor allem auf Demokratie, Demokratisierung, Schulreformen und all diese Dinge bezogen. Das hat uns Schütte klargemacht, und das war ja auch positiv zu bewerten. Nun stieg Herr Dr. Werner also in diese Tätigkeit ein und machte viele, enorm viele Konferenzen."

Ernst Schütte (1904 - 1972)

Ernst Schütte, Kind des Ruhrgebiets mit Geburt in Wanne oder Eickel, hatte sich über den zweiten Bildungsweg hochgelernt. Die Zulassung zum Studium in Leipzig bekam er durch eine Begabtenprüfung. Nach dem Krieg wurde er Direktor der Pädagogischen Akademie in Kettwig.

Als Prof. Dr. Ernst Schütte 1959 hessischer Kultusminister wurde, führte er auch Gesamtschulen auf breiter Front ein (eine erste Gesamtschule, die allererste in der Bundesrepublik, gab es schon seit 1954 im hessischen Seeheim-Jugenheim). Gerade solch neue Konzepte stießen bei Vertretern der „alten Kultur" auf Widerstand.

Ausbaden musste die Vorbehalte mancher 'Eingeborener' einmal auch sein jüngster Sohn Ernst-Reinhard (geboren 1949). Ernst Junior besuchte die traditionsbewusste Oranienschule in Wiesbaden. Irgendwann sollte er sitzenbleiben, obwohl er im Oster-Zeugnis nur eine 5 hatte, und zwar in Latein. Aber zum Sitzenbleiben brauchte es eigentlich zwei Fünfer. Was was passiert?

Vater Schütte hatte 1960 durch seine Ministerialverwaltung einen Erlass an alle hessischen Schulleiter gehen lassen: man solle Zensuren-Regelungen zur Versetzung nicht schematisch anwenden, sondern müsse auch besondere Gaben von Schülern berücksichtigen. Damit meinte er in erster Linie positive Gaben, die die Fünfer ausgleichen könnten. Das stand aber im Erlass nicht so detailliert, und so wurde die Regel an verschiedenen Schulen auch in umgekehrter Richtung angewandt.

Die Folgen reichten damals sogar für einen Artikel im Spiegel (Heft 31 von Ende Juli 1962), der wie folgt begann: „Dass

Knaben und Mädchen weiterhin sitzenbleiben, obgleich ihre Schulleistungen in keinem oder nur einem Fach »mangelhaft« sind, will der hessische Kultusminister Professor Dr. Ernst Schütte verhindern. Der sozialdemokratische Minister korrigierte darum durch einen **internen** Erlass an die hessischen Schulleiter seine eigenen liberalen Richtlinien, die er Ende 1960 im Amtsblatt seines Ministeriums veröffentlicht hatte."

Also: Schütte junior sollte zu Ostern 1962 wegen EINER 5 in Latein sitzenbleiben. Der Vater rief noch beim Lehrer an und fragte, ob es nicht doch eine 4 sei. Aber der junge Altphilologe blieb standhaft. Als Folge nahmen die Eltern Schütte den Sohn von der Oranienschule und meldeten ihn stattdessen in einem Internat an.

Ich spekuliere mal: Vielleicht war es für manche Hessen auch ein (unbewusstes) Problem, dass Ernst Schütte als Nichthesse öfters auf Expertise mit fremden Wurzeln baute, z.B. im Kleinen beim aus Polen stammenden Schulleiter Ernst Werner, oder 1967 bei der auch aus dem Ruhrgebiet stammenden Staatssekretärin Hildegard Hamm-Brücher (1921-2016), ebenso wie bei dem sehr fähigen Ministerialdirigenten Udo Kollatz (geboren 1931 in Königsberg). Jedenfalls hat Schütte in den zehn Jahren seiner Ministerschaft in Hessen viele gute Entwicklungen angestoßen.

Ernst Schütte, 1959

An der Ricarda-Huch-Schule in Gießen

Nach dem Scheitern am humanistischen Gymnasium in Darmstadt wechselte Ernst Werner im Sommer 1961, also mitten im Schuljahr an die Ricarda-Huch-Schule in Gießen, ein Mädchengymnasium mit langer Tradition.

Die klassischen alten Sprachen spielten hier keine Rolle. Und es gab ein Detail, was ein erfolgreiches Wirken Ernst Werners wahrscheinlich werden ließ. An der Schule wirkte bereits seine Schwester Marie (geboren 1905) seit etlichen Jahren als Lehrerin für Geschichte und Erdkunde.

Foto des Ricarda-Huch-Kollegiums 1966, aus dem Jahrbuch 1967
Markiert sind Ernst Werner und seine Schwester Marial

Hinzu kam, dass es in der Ricarda-Schulleitung mit Vera Sedlak eine junge tüchtige Sekretärin gab (man erinnere sich an die Rolle von Lissi Brink in Lemgo, siehe S.34). Leider hat IA Frau Sedlak nicht ausfindig machen können. Gerne hätte er erfahren, wie sie Ernst Werner wahrgenommen hat.

**Schulleitung der Ricarda-Huch 1964, aus dem Jahrbuch 1965
Ernst Werner, Vera Sedlak und rechts der stellvertretende Schulleiter
Eugen Stöhr mit einer vorweggenommenen Götz-Alsmann-Tolle**

Im Hitzemann-Nachlass fand sich ein Zeitungsartikel zur Abiturfeier von 1966. Darin hieß es: „'Sie haben es uns oft zu leicht gemacht.' Mit dieser Feststellung überraschte die Sprecherin der Abiturientinnen der Ricarda-Huch-Schule bei der Entlassungsfeier das Kollegium..." Schulleiter Ernst Werner fühlte sich direkt zu einer Replik herausgefordert, in der er auch ausführte, der Prozess der Bildung vollziehe sich auf anderem Wege aus durch Auswendiglernen. Auch wenn sich eine Schülerin im Unterricht nicht melde, vollbringe sie eine geistige Leistung... Tage später schrieb Werner einen versöhnlichen Brief an Rotraut Wenkel, in der er seine Reaktion relativierte und ihr das damals neue Buch über 'Das pädagogische Problem der Leistung in der Schule' von Carl-Ludwig Furck empfahl.

In der Rede der Schülerin hatte er ihre Intention falsch verstanden. Sie wollte nicht strengere Noten, sondern besonders in den naturwissenschaftlichen Fächern einen Unterricht, der sich nicht von dem an Jungen-Gymnasien unterschied. Als Beispiel nannte sie das Fach Chemie, wo den Mädchen Haushalts-Chemie beigebracht wurde (wie funktionieren Backpulver und Spüli). Von anderen Gießener Gymnasien (zum Beispiel der Liebig-Schule) wusste sie natürlich, was 'richtige' Chemie war. Es gelang im März 2022, Rotraut Wenkel, inzwischen Frau Rotraut Grün-Wenkel, zu kontaktieren. Sie klärte das damalige Missverständnis auf.

In den späten 1960er Jahren wagte Ernst Werner eine Ausweitung der Schule: Für den neu eingerichteten Wiso-Zweig erlaubte er auch die Aufnahme von männlichen Schülern. Wolf-Dieter Rost war einer der ersten Jungen an der Ricarda-Huch. Er erzählte, dass er an seiner vorherigen Schule massive Probleme mit traditionell orientierten Lehrern hatte. Ihm war sogar prophezeit worden, dass er das Abitur nicht schaffen würde. So meldete er sich bei Ernst Werner zu einem Bewerbungs-gespräch. In zwei konstruktiven Stunden verschaffte sich Werner einen guten Eindruck von dem potenziellen Neuzugang und verzichtete dann sogar darauf, die bisherigen Zeugnisse zu sehen.

So wie bei Rost, nahm er eine Reihe von Gießener Problem-Jungen auf. Als sich seine Offenheit herumsprach, kamen sogar "schwierige" Jungs aus ganz Hessen an das Sammelbecken Ricarda-Huch. Speziell die Klasse, in der Wolf-Dieter Rost war, entwickelte sich zu einer konstruktiven und erfolgreichen Gruppe. Auch wenn - oder weil - Werner in Gießen wohl auf seinen Spruch 'Ich verbiete euch zu gehorchen' verzichtete, erreichte er mit seinen unkonventionellen Zugängen tolle Erfolge.

Im Kollegium gab es natürlich Vorbehalte. Einige Lehrer vertraten die Meinung, man dürfe den Direktor einfach nicht ernst nehmen. Von einem Schulfest aus dem Jahr 1969 existiert ein Foto, wo in der ersten Reihe Ernst Werner und drei leitende Kollegen sitzen. Werner sitzt links und schaut auch nach links. Die Kollegen neben ihm schauen alle (demonstrativ?!) nach rechts.

Tragisch war das Ende von Ernst Werner als Schulleiter. Bei den Studenten-Unruhen gab es in Gießen auch einen Protestmarsch von Studenten und Schülern, der in eine Kundgebung auf dem Schulhof der Ricarda-Huch gipfelte. Ernst Werner war begeistert und nahm auf dem Podium das Mikro in die Hand, um den Versammelten zu erklären, dass er ihre Vorhaben unterstütze, eigentlich sogar noch radikaler sei als sie.

Das wollte etliche von den jungen Leuten aber nicht hören - schließlich sahen sie sich selbst als die Radikalsten. Ein junger Mann schubste Ernst Werner sogar vom Podium. Das traf ihn ins Mark. Es folgte eine mehrmonatige Krankschreibung und im Februar 1970 die vorzeitige Versetzung in den Ruhestand.

Geschwister Werner bei und in Wetzlar

Bei Kriegsende war Familie Werner in den Westen geflüchtet und kam auf den Hof Heisterberg bei Leun nahe Wetzlar unter. Auch Ernst Werner zog es in seinen Erholungs-Urlauben vom Düsseldorfer Ministerium immer dorthin .

Urlaubsantrag von Ernst Werner im August 1947

Ein Geschwister starb früh. Der älteste Bruder von Ernst Werner heiratete, doch die übrigen sechs (vier Mädchen, zwei Jungen) blieben zeitlebens unverheiratet. In den 1950er Jahren bauten sie gemeinsam ein Haus in Wetzlar. Es gab im Erdgeschoss einen großen Gemeinschaftsbereich, zusätzlich hatte jeder der sechs ein eigenes Zimmer.

Ernst Werner zog ganz in dieses Haus, als er 1961 die Direktoren-Stelle in Gießen antrat. Das Haus lag am Hang, und als die Geschwister älter wurden und Ernst auch schon in Ruhestand war, erledigte er oft zu Fuß die Familien-Einkäufe im Ort und schleppte die Sachen zum Haus hoch.

In der Nachbarschaft gab es einen Jungen, der talentiert Klavier spielte, manchmal auch bei offenem Fenster. Ernst Werner, seit seinen Leipziger Studienzeiten selbst begeisterter Kenner von Johann Sebastian Bach, wurde aufmerksam und förderte seitdem Oliver Fürbeth (geboren 1969). Werner erwarb sogar einen Flügel, auf dem Fürbeth nach Belieben spielen und üben durfte.

Nach Werners Tod erbte der Junge das edle Instrument. Oliver Fürbeth wurde Berufsmusiker und ist Dozent für Musikwissenschaft und Musiktheorie an der Musikakademie der Stadt Kassel.

Kleines Bild aus LEGO-Steinen:
Oliver Fürbeth am Flügel, Ernst Werner wohlwollend daneben.
Als Unterlage die ersten Takte aus Bachs wohltemperierten Klavier.

Palim Palim !

„Ich hätte gerne eine Flasche Pommes Frites!"
„Nein, nein, nein, so geht das nicht. Wir tauschen die Rollen."
„Okay, dann bin ich jetzt der Kaufmann."
Kollege kommt an den Tresen: *„Ich hätte gerne eine Portion Pommes Frites!"* Didi: „Haben Sie denn eine Flasche dabei?"

Wer kennt diesen Sketch von Didi Hallervorden nicht?

Werner-Foto im Brandes-Buch und eine Flasche Pommes

Man mag es glauben oder nicht. Im Alter konnte sich Ernst Werner über Hallervordens 'Nonstop Nonsense' scheckig lachen, erzählt Oliver Fürbeth. Oliver schaute als Jugendlicher die Sendung gerade im Fernsehen und war erstaunt, als Überraschungs-Besuch Werner mitschaute und lauthals lachte.

63

Jürgen (Piko) Schulten

Als Volkhard Brandes im Jahr 1987 Druckkosten-Zuschüsse für das Buch 'Ich verbiete euch zu gehorchen' erbat, schrieb er auch Jürgen Schulten (Abitur 1960 am EKG) an, der in die USA ausgewandert war und dort Karriere gemacht hatte.

Mit Datum vom 3. Juli 1987 antwortete Jürgen Schulten:

Ja, meine Frau und ich sind nun bald 18 Jahre in USA und ich mache in Leuchten (STAFF) und Immobilien. Hat mich gefreut, von einem Brandes-Verlag zu hören. Was verlegt Ihr?
Anbei DM 2.000,- für Dr. Werner – das ist das geringste was ich ihm schulde. Ihm verdanke ich ein Überbleibsel meines sozialen Gewissens in diesem kapitalistischen Lande.

Herzlichst, Dein Jürgen

Im Briefkopf waren drei Adressen genannt: eine private in New York, eine Büro-Adresse im Trump Tower (auch New York) und eine zweite Privatadresse in Key Biscayne, Florida.

Viele andere Schüler und Weggefährten von Ernst Werner spendeten auch für das Buch, meist mit Beiträgen zwischen 30 und 100 DM. Die Gabe von Jürgen Schulten, der leider inzwischen verstorben ist, war die mit Abstand größte.

Als Schüler war Jürgen alias Piko ein lustiger Bursche, bei dem es auch mal drunter und drüber ging. In der Unterprima fragte er an einem Mittwoch in die Klasse: „Hat jemand meinen Ranzen gesehen?" Gegenfrage: „Seit wann vermisst Du den denn?" Piko: „Seit Samstag."

64

Danksagungen

Die Entstehung dieses Büchleins wäre ohne die Hilfe vieler Freunde und Bekannter nicht möglich gewesen. Mein ganz besonderer Dank gilt Manfred Sieker für Erinnerungen, Kontakthilfen, das Ausleihen etlicher Philologen-Jahrbücher und sonstiger Schriften und Diskussionen im Entstehungsprozess. Ohne ihn wäre ich auch nie auf die Idee gekommen, ein Ernst-Werner-Buch zu schreiben. Hermann Frische war unverzichtbar durch sein gutes Gedächtnis und die Vermittlung sehr vieler Kontakte zu alten Lemgoern und Ehemaligen. Einer von diesen ist Eberhard Schröder (Abitur am EKG 1956), dem ich viel Material und Anekdoten verdanke. Ohne Georg Weis wären mir viele Entwicklungen und Fotos aus Werners Bochumer Phase unbekannt geblieben. Meine bessere Hälfte Beate wirkte als unermüdliche und manchmal unerbittliche Korrekturleserin.

In alphabetischer Reihung sind hier weitere Personen und Institutionen genannt, auf deren Erinnerungen und Quellen ich zugreifen durfte.

Max Brentrup (Bielefeld), Elmar Buck (Köln), Foristen des Eisenbahner-Forums „Drehscheibe", Tilman Evers (Darmstadt), Bernd Figgemeier (Bochum), Ursula Frische-Stephani (Lemgo), Oliver Fürbeth (Wetzlar), Ina Grabenmeier-Schmuck (Lage), Ernst-Hermann Grefe (Wiesbaden; Abi EKG 1957), Rotraut Grün-Wenkel (Frankfurt; Abi Ricarda-Huch 1966), Angela Gülle (Gießen), Peter Gutjahr-Löser und Theodor-Litt-Archiv (Universität Leipzig), Martin Hankemeier (Detmold; Abi EKG 1957), Peter Johanek (Münster; Abi EKG 1957), Gerhard Kroos (Lemgo), Gerhard Kuebart (Lemgo; Abi EKG 1962), Landesarchiv NRW in Duisburg (Personalakten zu Ernst Werner und Ernst Schütte), Lippisches Landesarchiv (Detmold; Zugang zu Lippischen Tageszeitungen aus den 1950ern), Florian Lueke

(Abi EKG 2006) und das Archiv des EKG, Anton Mönig (Herrenberg; Abitur in Bochum), Marcel Oeben (Leiter des Lemgoer Stadtarchivs), Egon Peus (Bochum), Ursula Quante (Verein Alt Lemgo), Karl-Heinz Richter (Abi EKG 1958), Hartmut Ring (Siegen; Abi Darmstadt 1966), Wolf-Detlev Rost (Gießen; Abi R-Huch 1971), Susanne Schmidt (Tochter von W. Schmidt), Helmut (Abi EKG 1959) und Ursula Schulten (Lemgo), Rainer Schwarz (Lemgo), Renate Stubenrauch (Tochter von Ernst Schütte; Frankfurt), Klaus Theimann (Lemgo; Abi EKG 1957), Maximilian Wallerath (Bonn, Abi in Bochum), Bettina Wegner (Berlin), Dana Wegwehrt-Jansen (Lemgoer Stadtarchiv), Ulrich Weltzien (Frankfurt, Abi in Bochum), Frank Wende (Abi EKG 1959, Mitherausgeber des Buchs von 1988).

Personen, mit denen ich bei telefonischen und elektronischen Recherchen nur kurzen Kontakt hatte, sind hier nicht genannt. Trotzdem gilt ihnen mein Dank. Das gilt insbesondere für Mitarbeiter verschiedenster Friedhofsämter.

Foto-Nachweise

S.3 EW-Foto aus 1988er-Buch, Karikatur von Bernd Figgemeier (auch S.45 unten), EW-Unterschriften aus Briefen und Zeugnissen; S.4 EKG-Artikel in Wikipedia; S.9 Nachlass Karl Meier (Lemgo); S.12 Theodor-Litt-Privatarchiv (Universität Leipzig); S.16 vom 1990er-Buch über Ernst Werner; S.19 und 29 aus Sammlung Eberhard Schröder; S.25 vom Titelblatt eines gelben Alt-Lemgo-Heftes; S.34 links Sammlung Familie Brink; S.34 rechts Archiv des EKG; S.35 und 39 aus Nachlass von Lydia Abrath; S.37 Michael Jasper (Dortmund); S.41 Wikipedia-Artikel zum Moskwitsch; S.42 Wikipedia-Artikel zum Wartburg; S.45 oben und 46 Ulrich Weltzien; S.56 Landesarchiv Hessen, Darmstadt; S.57 und 58 Jahrbücher 1967 und 1965 der Ricarda-Huch-Schule Gießen; S.61 aus der Personalakte von Ernst Werner, Landesarchiv NRW, Duisburg;

S.10, 15, 17, 26, 31, 32, 40, 43, 51, 52, 62, 63 Ingo Althöfer (2022).

Namens-Register

Arheiliger, Dieter 53

Brandes, Volkhard 10, 19, 35, 63, 64
Brink, Lissi 34, 58
Buck, Elmar 41, 43

Clivio, Giuseppe 15
Conze, Werner 18, 19

Dalida 53
Deubel, Herbert 13, 24
Deutschbein 19
Dürin 19

Einstein, Albert 13

Fürbeth, Oliver 62, 63

Grün-Wenkel, Rotraut 58, 59

Hallervorden, Didi 63
Hamm-Brücher, Hildegard 56
Hitzemann, Herbert 18-22, 58
Hitzemann, Otto 18
Hübscher 28

Jaensch 19

Kaempfer, Engelbert 4, 8, 9, 12
Keating, John 5
Kemper, Wilhelm 42, 43
Kittel, Erich 19
Klein 28
Klingler, Friedrich 13
Klingner, Friedrich 13, 23
Klugkist, Harm 10
Kollatz, Udo 56

Liesegang, Spedition 8, 38
Litt, Theodor 12, 30, 31, 34, 65
Lortzing, Albert 54

Mansfeld, Franz 22, 27, 28
Mechlenburg, Georg 50, 54
Mommsen 18, 19

Pestalozzi, Heinrich 15
Raumer, Kurt von 18
Rost, Wolf-Detlef 59
Russig, Rudolf 15

Schmeling, Max 14
Schmidt, Susanne 38
Schmidt, Walther 8, 9, 24, 35-38
Schröder, Eberhard 15, 22, 26-29
Schüring, Heinrich 22
Schütte, Ernst 30, 33, 54-56
Schütte, Ernst-Reinhard 55, 56
Schulman, Tom 5
Schulten, Helmut 33
Schulten, Jürgen (Piko) 64
Schumacher, Aennchen 31

Sedlak, Vera 58
Sieker, Manfred 4, 36
Steinweg, Reiner 35
Stöhr, Eugen 58

Taeger 18

Ulrich, Wolfgang 34

Wallerath, Maximilian 47-49
Walter, Ulrich 12, 23
Weber, Marianne 42
Wegner, Bettina 14
Wende, Frank 35

Quellen

L. Abrath. Nachlass zur Marienkantorei. Stadtarchiv Lemgo, 2014.

V. Brandes. Nachlass im Stadtarchiv Lemgo, 2020.

V. Brandes, R. Steinweg und F. Wende. 'Ich verbiete euch zu gehorchen' - Ernst Werner - Lehrer aus Leidenschaft wider die politische Unvernunft. Brandes & Apsel, 1988.

V. Brandes, R. Steinweg und F. Wende. 'Habe den Mut, Dich Deines Verstandes zu bedienen' - Ernst Werner - Zur Aktualität eines historischen Konflikts - Eine Dokumentation. Brandes & Apsel, 1990.

V. Brandes und R. Steinweg. Erziehung zum kritischen Denken - Texte und Wirkungen des Lehrers Heinz Schultz. Brandes & Apsel, 1993.

G. Clivio. Heinrich Pestalozzi - Lasst uns Menschen werden. Verlag E. Löpfe-Benz, Rorschach, Schweiz, 1946.

EKG Lemgo. Schulzeitung "Sapere aude", seit 1956.

K. Esselborn und W. Hammann. Unter der Diltheykastanie - Schulerinnerungen ehemaliger Darmstädter Gymnasiasten - Zur Dreihundertjahrfeier des Ludwig-Georgs-Gymnasium. Darmstadt, Wintersche Buchdruckerei, 1929.

Freie Presse. Jahrgänge 1950-1958, Lippisches Landesarchiv, Detmold.

C.-L. Furck. Das pädagogische Problem der Leistung in der Schule. Verlag Beltz, Weinheim, 1961.

E. Glaeser. Jahrgang 1902. Potsdam, 1928.

D. Hallervorden. Palim-Palim. Sketch aus der TV-Serie Nonstop Nonsense, 1977.

H. Hitzemann. Die Auswanderung aus dem Fürstentum Lippe. Dissertation, Fachbereich für Geschichte, Universität Münster, 1953.

H. Hitzemann. Nachlass im Stadtarchiv Lemgo, 1989.

S. Kipf. Altsprachlicher Unterricht in der Bundesrepublik Deutschland - Historische Entwicklung, didaktische Konzepte und methodische Grundfragen von der Nachkriegszeit bis zum Ende des 20. Jahrhunderts. Buchner, Bamberg 2006.

U. Kollatz. Kreuzwege - Wegkreuzungen, Jugenderinnerungen eines alten Mannes. Karin Fischer Verlag, 2007.

T. Litt. Privatarchiv an der Universität Leipzig.

H. Lönnecker. Theodor Litt und die studentischen Verbindungen. Im Theodor-Litt-Jahrbuch 4 (2005), S. 189-263, Leipzig.

K. Meier. Nachlass im Stadtarchiv Lemgo.

F. Nietzsche. Also sprach Zarathustra. 1883-1885.

Ricarda Huch Schule Giessen. Jahrbücher 1965 und 1967.

W.-D. Rost. Ohne sein Wirken wäre ich nicht, wo ich heute bin. S. 76-81 in Brandes, Steinweg, Wende 1990.

E. Schlömer. Cafes in Lemgo. Verein Alt-Lemgo, Heft 46, 2011.

E. Schütte. Personal- und Entnazifizierungsakte im Landesarchiv NRW, Duisburg.

T. Schulman. Drehbuch zum Film "Dead Poets Society", 1989.

Aennchen Schumacher. Kommers-Liederbuch, Ausgabe mit Klaviersatz, 1929.

Spiegel. Schulen - Zensuren - Schwache Vier. Heft 31 vom 01. August 1962, S.26.

B. Wegner. Sind so kleine Hände. Lied, 1978.

E. Werner. Personal- und Entnazifizierungs-Akte im Landesarchiv NRW, Duisburg.

Weitere Bücher von Ingo Althöfer

Lothar Collatz zwischen 1933 und 1950. Ein Mathematiker-Leben zwischen Hörsaal und V2-Entwicklung. 116 Seiten, 3-Hirn-Verlag, 2. Auflage, November 2019. 19,80 Euro inklusive Versand in Deutschland.

Am Ende wird es Lippe sein. Über den Flüchtlingszug mit Berliner Lehrerinnen und Schülerinnen im Jahr 1945. 99 Seiten, 3-Hirn-Verlag, Oktober 2020. 12,80 Euro inklusive Versand in Deutschland.

Mathe in Abizeitungen und Schul-Erinnerungen. 204 Seiten mit mehr als 800 Anekdoten aus zwei Jahrhunderten. Books on Demand, Norderstedt, April 2022. 9,80 Euro.
Dieses Buch kann man im Buchhandel oder online bei Amazon oder bei Books on Demand bestellen.

Die Bücher aus dem 3-Hirn-Verlag können mit Email bestellt werden: 3-hirn-verlag@gmx.de